97 maneiras de fazer seu

Cachorro Sorrir

97 maneiras de fazer seu Cachorro Sorrir

Jenny Langbehn

Fotos de Pat Doyle

SEXTANTE

tradução
Márcia Oliveira
preparo de originais
Alice Dias
revisão
Sérgio Bellinello Soares
projeto gráfico e diagramação
Valéria Teixeira
Valéria Facchini de Mendonça
capa
Glenda Rubinstein
fotolitos
RR Donnelley
impressão e acabamento
Lis Gráfica e Editora Ltda.

CIP-BRASIL. CATALOGAÇÃO-NA-FONTE
SINDICATO NACIONAL DOS EDITORES DE LIVROS, RJ

L262n

Langbehn, Jenny
97 maneiras de fazer seu cachorro sorrir
/ Jenny Langbehn ; fotos de Pat Doyle ; tradução de Márcia Oliveira.
– Rio de Janeiro : Sextante, 2005.
il. ;

ISBN 85-7542-151-4

1. Cão. 2. Cão – Obras ilustradas. 3. Sorriso.
I. Doyle, Pat. II. Título.

04-3455. CDD 636.77
CDU 636.7(084.1)

Rua Voluntários da Pátria, 45 – Gr. 1.404 – Botafogo
22270-000 – Rio de Janeiro – RJ
Tel.: (21) 2286-9944 – Fax: (21) 2286-9244
E-mail: atendimento@esextante.com.br
www.sextante.com.br

Dedicatória

Para duas das melhores pessoas que
já existiram neste planeta:
meus pais, Pam e Roger.
Com eles, aprendi a importância de respeitar
aqueles que não podem falar por si próprios.
Eles me encorajam em tudo e
nunca rejeitaram as criaturas órfãs que
eu ocasionalmente acolhia.
Amo muito vocês dois.

Introdução

Os cães são criaturas extraordinárias. Cada um tem sua própria personalidade e, assim como os pingos de chuva, não existem dois iguais. Leais e sedutores, tranqüilos e bagunceiros, brincalhões e preguiçosos, eles se desdobram para nos agradar e parecem ter uma enorme satisfação em fazer isso. Essa característica é única entre os animais; nenhuma outra espécie é tão motivada a promover a felicidade dos seus donos quanto a dos cães. Diante de tamanha devoção, é impossível não querer retribuir.

Como todo mundo que gosta de cachorros sabe, os cães adoram até mesmo as atividades mais simples, o que considero uma de suas qualidades mais encantadoras e afetuosas. Qualquer passeio é uma grande emoção. Uma simples volta de carro pode ser uma aventura e tanto. Todo carinho é apreciado como se não devesse acabar nunca! Mesmo um brinquedo improvisado, como uma meia velha, pode ser extraordinariamente fascinante. É tão fácil fazer seu cachorro feliz — tão feliz que ele é até capaz de sorrir de verdade — que isso torna a missão de bolar novas formas de agradá-lo uma extensão natural do seu amor por ele. As 97 sugestões deste livro representam apenas algumas dentre as infinitas possibilidades de diversão.

Os carinhos, cócegas, brincadeiras e surpresas que incluí foram testados e são realmente os favoritos dos cães: funcionaram com os meus e com muitos outros que tratei ao longo dos anos. Fico feliz em saber que vários dos truques que aprendi tornaram as idas ao veterinário bem mais agradáveis para inúmeros cachorros e para as pessoas que cuidam deles. (Na verdade, alguns pacientes chegam a desejar ir a uma consulta!) A maioria das brincadeiras surgiu da necessidade de distraí-los durante algum procedimento médico incômodo e evoluiu para algo que proporciona imensa diversão e alegria. É claro que nem toda sugestão vale para qualquer cachorro. Fatores como a raça, o temperamento e a idade influenciam a reação de um cão. Preste muita atenção às atividades que entusiasmam o seu cachorro e evite aquelas que causem algum desconforto.

Minha esperança é que este livro seja um ponto de partida para experiências criativas e divertidas que unam ainda mais você e o seu cãozinho.

1. Afagos sob as orelhas

As orelhas são um ponto bastante sensível e um local perfeito para massagear. Feche as mãos fazendo os nós dos dedos sobressaírem e passe-os suavemente na base da orelha do seu cão.

2. Afagos dentro das orelhas

Feche a mão e, com o nó do dedo médio, esfregue a pequena cartilagem saliente na entrada da orelha do cachorro. Ele provavelmente inclinará a cabeça, com os olhinhos quase fechados.

3. Você está ficando com sono...

Usando o dedo indicador, alise toda a extensão do focinho do seu cão lentamente, na direção em que os pêlos crescem.

4. Brincando de *pizzaiolo*

Usando ambas as mãos, amasse suavemente (mas não belisque!) o excesso de pele do dorso e do pescoço do seu cão. Cante uma música animada enquanto apalpa a pele dele feito massa de pizza.

5. Sanduíche com as mãos

Quando seu cachorro estiver deitado de lado, deslize uma das mãos entre ele e o chão, começando na altura da omoplata, e percorra devagar toda a extensão de seu corpo. Isso resultará num verdadeiro êxtase canino. Ele provavelmente vai rolar até ficar deitado de barriga para cima, o que significa que você pode repetir a dose, desta vez usando ambas as mãos — uma de cada lado, como num sanduíche.

OBS.: Experimente fazer isso com o pé, dando ligeiras pancadinhas.

6. A Terra vai tremer

No caso de cães de maior porte, posicione suas mãos espalmadas de cada lado do cão e sacuda levemente o corpo dele. Você pode incluir na brincadeira os efeitos sonoros que quiser.

7. O coelho

Use as pontas dos dedos para coçar seu cão bem onde terminam as costelas. Prepare-se para apreciar a patinha, que pode, involuntariamente, se sacudir e dar pancadas no ar, como fazem os coelhos.

8. Pelo contrário

Localize todos os pêlos levantados no corpo do seu cão e percorra-os com o dedo indicador, fazendo movimentos em forma de espiral. Para um efeito calmante, acompanhe o sentido do crescimento; para causar arrepios de contentamento, acaricie no sentido contrário.

9. Relax total

Começando pelo focinho, massageie meticulosamente e por inteiro toda a extensão do corpo do cachorro.

10. Massagem da meia branca

Experimente fazer uma massagem como de costume, só que usando meias nas mãos. A sensação será bem diferente, pois você cobrirá uma área maior do corpo do cão a cada movimento. Sem falar que as suas mãos ficam engraçadas usando meias!

11. Coce *embaixo* da coleira do seu cão

Geralmente não se faz carinho nesse ponto vital, mas muitos cachorros se derretem quando essa área é acariciada.

12. *Lifting* de rosto instantâneo

Usando as palmas das mãos, alise as bochechas do seu cão para trás com movimentos em direção ao pescoço. Isso costuma ser descrito como "falso sorriso", mas posso assegurar que o sorriso é verdadeiro.

OBS.: Gosto de acompanhar esse movimento com comentários na minha melhor voz de Zsa-Zsa Gabor: "Querrido, você iztá marrravilhoso."

13. Os cães têm sobrancelhas muito expressivas

Em alguns cães, as sobrancelhas têm uma cor diferente do restante do pêlo. Trata-se de um ponto de massagem extremamente relaxante. Friccione suavemente as sobrancelhas do cachorro fazendo pequenos círculos, tomando cuidado para não atingir os olhos.

14. Olé, touro!

Alguns cães adoram o romantismo e a pompa de uma boa e velha tourada. Sacuda uma toalha ou um lençol, gritando: "Olé, touro!" Quando seu pequeno touro sem chifres avançar, retire a "capa" no último instante.

OBS.: Se tiver uma torcida para pôr em ação, não hesite em usá-la!

15. Você sente saudade do seu cachorro quando não está com ele?

Ele também sente a sua falta! Ligue para casa e deixe uma mensagem na secretária eletrônica. Não se esqueça de dizer o nome dele em voz alta.

16. Metrônomo canino

Encoste o ouvido no peito do seu cachorro para ouvir o coração dele batendo. Seguindo o ritmo, faça uma serenata para ele com a primeira música que as batidas inspirarem.

Fato: Os rocks dos anos 50 são a escolha mais freqüente.

17. Au, au!

Os cães não costumam se enganar com imitações humanas de seus latidos, mas ficam intrigados com elas. Veja o quanto você tem talento para latir (ou uivar), fazendo o teste com o seu cachorro. Se ele latir de volta, você é realmente bilíngüe e vocês podem ter diálogos fascinantes na língua nativa do seu cão. Se ele balançar a cabeça e olhar como se você fosse de outro planeta, continue falando português.

OBS.: É aconselhável fazer esse teste na privacidade do lar, para evitar olhares estranhos dos vizinhos.

18. Aprenda a fazer malabarismo

Ou melhor ainda, aprenda a *não* fazer. Por motivos óbvios, um malabarista desastrado, que deixa tudo cair no chão, é o melhor amigo do cão.

19. Faça uma sessão de cinema

Alugue um filme com um tema de natureza para o seu cachorro – uma boa dica é um documentário sobre lobos. Se ele normalmente reage à televisão, os sons despertarão seu interesse e ele pode até iniciar uma conversa com os lobos.

20. Dance juntinho

Coloque as patas do seu cão na sua cintura e caia na dança!

OBS.: Aconselhável para cães de maior porte. Os menores preferem dançar sozinhos.

21. O jogo do nome

Quem não adora ouvir o som de seu próprio nome? Repita várias vezes o nome do seu cachorro: O *Fred* é um bom menino? É, sim. O *Fred* é um amor. Invente também variações engraçadas do nome dele (Frade, Fredico, Frederico, Freud, Frufru).

22. Cachorros adoram ser mais espertos do que nós

Finja deixar cair um pouco de comida (de preferência a do próprio cão) e espere pelo olhar de "gato que comeu o canário" que seu cachorro fará depois de devorá-la.

OBS.: Para os cãezinhos que se sentem culpados, isso pode se tornar uma tortura, pois eles lutarão para resistir à tentação.

23. Passeando de carro

Leve seu amigo para dar um passeio de carro. Abra as janelas e deixe o vento bater nas orelhas e no pêlo. O visual despenteado está na moda.

24. Hora da toalha

Seque seu cãozinho com uma toalha recém-passada a ferro. Uma esfregadela quentinha é uma diversão e puro aconchego.

OBS.: Atenção à eletricidade estática!

25. Dê um presente ao seu companheiro

Se todos estão ganhando presentes — no Natal, por exemplo —, o cachorro também deve ganhar um. Deixá-lo de fora não é justo! Os cães costumam ficar empolgados com a perspectiva de ter o seu próprio embrulho. Certifique-se apenas de que ele não vai engolir a embalagem junto com a surpresa.

26. Caça ao tesouro

Esconda um biscoito num lugar difícil de encontrar e observe quanto tempo seu cachorro leva para encontrá-lo.

27. Faça o jogo do "Qual é a mão?"

Esconda um biscoito em uma das mãos
e estenda as duas, fechadas, para o cachorro.
Veja se ele escolhe a mão certa.

*OBS.: Resista à tentação de não ter nada nas mãos.
Seu cachorro não vai achar graça nenhuma nisso.*

28. Discos voadores

Incorpore um pequeno exercício ao "momento guloseima" arremessando biscoitos ou ração light para o seu cão pegar. Esses petiscos de baixa caloria farão o maior sucesso sem comprometer a boa forma de seu amigo, e ele vai se divertir à beça.

29. Vamos sair para... DAR UMA VOLTA?

Diga esta frase e depois repita: "Dar uma volta! Dar uma volta!", ao mesmo tempo em que dança em frente à porta.

OBS.: Você deve realmente sair com seu cachorro após dizer isso.

30. Cama de pulgas

Coce as pequenas e aparentemente inúteis dobras de pele localizadas na base das orelhas do cachorro. Conta a lenda que é para essas cavidades que as pulgas se retiram à noite para dormir.

31. Gracinha da titia!

Tanta pele sobrando nos nossos amigos bochechudos é um convite para um beliscão! Não se esqueça de dizer: "Você é tããão fooofo!" (Mas não belisque com força.)

32. Trocando de lugar

Se você está se sentindo especialmente bobo (e ninguém está olhando), surpreenda o seu cão: deixe que ele o veja enroscado na cama *dele* para variar!

33. Pilates de totó

Se pratica ioga ou outro tipo de exercício no chão de casa, deixe seu cachorro juntar-se a você no colchonete. Os cães em geral adoram participar, sobretudo em movimentos do tipo "encarare-o-seu-cãozinho".

34. "Santas orelhas, Batman!"

Você sabia que os cães com orelhas caídas podem imitar um morcego? Basta colocar as orelhas na posição vertical. Você ficará impressionado com a transformação! Quando as orelhas estiverem na posição de super-herói, aproveite para brincar. Reveze as posições de herói e vilão.

OBS.: Alguns cães são mestres no assunto e conseguem se disfarçar sozinhos deitando-se de costas.

35. Brincadeira de pegar

Jogue uma bola e deixe seu cachorro trazê-la de volta. É um clássico. Alterne com ameaças de arremesso, o que deixa os cães ainda mais animados com a brincadeira (mas pelo menos de em vez quando jogue a bola de verdade).

36. O mordedor congelado

Molhe um brinquedo do seu cachorro na água e depois coloque-o no congelador.

OBS.: Isso é ótimo no verão e ideal para filhotes cujos dentes estão nascendo.

37. João e Maria

Deixe uma trilha de pipoca pela casa ou pelo jardim.

38. Nas entrelinhas

Insira uma palavra familiar ao seu caõzinho no meio de uma frase longa. Por exemplo: "Hoje eu estava fazendo compras no supermercado e percebi que tinham derramado alguma coisa no setor de temperos **biscoito** e levou quase dez minutos para limparem..." Você se surpreenderá ao constatar a atenção que o seu cão presta a tudo o que você fala.

OBS.: Não deixe de lhe dar aquilo que mencionou subliminarmente.

39. "Luke Skywalker, eu sou seu pai"

Fale com seu cachorro através do tubo de papelão do papel-toalha ou do papel higiênico. Ele vai amar a sua voz de Darth Vader!

40. Pule feito um boneco articulado

Vamos lá! Um, dois! Um, dois!

41. Cachorro-quente

Esfregue o seu amigo com uma toalha molhada e fria. Refresca sem dar choque térmico! Dê atenção especial às orelhas e às patas. Esfriar esses pontos garantirá uma sensação reconfortante ao seu cão nos dias quentes de verão. Ahhh!

42. Massagem sueca

Semelhante à massagem que normalmente se faz, apenas mais rápida, esta deve ser feita no ritmo da canção favorita do seu cão.

OBS.: A maioria dos cachorros adora a música Dancing Queen, *do ABBA.*

43. Cócegas nas "teclas"

Brinque com as costelas do seu cachorro como se fossem as teclas de um piano. Aproveite para cantar junto.

OBS.: Se você preferir tocar guitarra, vai descobrir que as costelas do seu cão também são perfeitas para serem dedilhadas.

44. Preparando a carne

No caso de cachorros que preferem uma massagem mais vigorosa, aperte seus músculos como se estivesse amaciando um bife.

45. Roçar e cheirar

Da próxima vez que o seu cão cheirar você, cheire-o também. Faça-o da forma mais barulhenta e parecida com a dele que puder.

OBS.: Como você já deve ter presenciado, esse comportamento é perfeitamente aceitável segundo o código social dos cães e de maneira alguma será considerado grosseiro. Na verdade, o seu animal de estimação pode até ficar comovido com o gesto.

46. Esfregar ao contrário

Acaricie o seu cachorro no sentido contrário ao do crescimento do pêlo.

47. Aquecimento pré-brincadeiras

Com seu cachorro sentado de frente para você, use os polegares para massagear os músculos ao redor dos ombros dele. Trata-se de um excelente aquecimento antes de uma maratona de brincadeiras com bola ou caça ao graveto. Agora vai pegar, campeão!

48. Hora do arrepio

Dobre os dedos imitando as patas de uma aranha e massageie suavemente todo o corpo de seu cão. Você sentirá a pele dele se arrepiar de contentamento.

49. Zen pra cachorro

Para os cães zen, massageá-los com uma série de movimentos circulares metódicos pode induzir a um estado meditativo. Isso vai deixá-los calminhos, calminhos.

50. A fada do biscoito

Quando seu cachorro estiver dormindo, tente colocar um biscoito sob o travesseiro dele sem despertá-lo. Os cães adoram acordar com uma surpresa!

51. "Acelera, Ayrton!"

Faça uma pista de obstáculos no jardim e aposte corrida com seu cachorro. De novo! De novo!

OBS.: Lembre-se de que os cães adoram trapacear.

52. Cosme e Damião

Encha um saco de papel com guloseimas
e brinquedos próprios para cachorro.
Estoure-o e assista a uma chuva
de ossos e biscoitos.

53. Banque a Noviça Rebelde

Poucas pessoas sabem que os cachorros adoram Julie Andrews (e quem não gosta?). Vá até a colina ou até o gramado mais próximo e, com os braços abertos, rodopie como se estivesse no alto dos Alpes austríacos. Se o seu cão não der bola, você pode apelar e cantar como a Noviça Rebelde. Isso vai aumentar consideravelmente a empolgação dele.

54. Leve o seu cão para o trabalho

O que pode ser mais divertido do que um dia no escritório? Nada! Novos cheiros, pessoas diferentes. Não admira que você vá para lá todos os dias.

OBS.: Não se esqueça de que idas freqüentes ao bebedouro são bem-vindas.

55. Massagem elevada

Aquele ossinho saliente no topo da cabeça do seu cão tem nome: crista nucal. Ainda não se sabe qual é a função dessa protuberância, mas alguns estudiosos mais espiritualizados dizem que pode se tratar da antena do cachorro para energias místicas, que deve ser massageada regularmente para aumentar a recepção.

56. Desvio de rota

O fato de o seu cachorro gostar de rolar não significa necessariamente que ele esteja pedindo carinho na barriga. Em vez disso, experimente uma bela massagem no peito.

57. *Parlez-vous chien?*

Experimente falar frases corriqueiras ou dar comandos em uma outra língua, porém usando a mesma entonação de sempre. Talvez seu cachorro entenda perfeitamente o que você quer dizer.

58. Pião do preguiçoso

Você não está exatamente cheio de energia, mas gostaria de proporcionar momentos de diversão ao seu amigo? Amarre uma bola de encher no ventilador de teto, fora do alcance dele, e deixe-a girar.

OBS.: Se o seu cachorro começar a rodar descontroladamente, essa brincadeira pode não ser aconselhável para ele. Deixá-lo tonto não será bom nem para ele nem para o seu tapete.

59. Pescando presentes

Jogue petiscos e/ou brinquedos numa banheira ou numa piscina rasa. Afaste-se e prepare a vassoura e o esfregão para limpar a bagunça depois.

60. Estourando bolhas

Há quem ache que as bolhas de sabão são relaxantes, mas o seu cachorro provavelmente tem uma opinião diferente. Para ele, elas são uma fonte de energia. Ele não vai parar de pular e tentar estourá-las.

61. Esfregando as juntas

Dê uma olhada nas articulações do seu cão e você vai ver que não são propriamente joelhos nem cotovelos. Massageie essas juntas esquecidas e engraçadas.

62. Um, dois. Um, dois...

Deixe seu cão participar da sua rotina de exercícios usando-o no lugar dos halteres. Os bassets (ou qualquer cachorro de dorso longo) são ideais para isso.

63. Pontos cegos

Coce as partes do corpo do seu cão que são de difícil alcance para ele. Às vezes, nossos amigos mais cheinhos não conseguem alcançar alguns lugares onde sentem coceira. Eles amam quando fazemos isso!

64. Você não me pega!

No caso de cães *high-tech*, que não se satisfazem com brinquedos que fazem barulho, invista numa lanterna a laser. Ela projeta um ponto vermelho de luz que pode pular de uma parede para outra e não está presa às leis da Física, como as bolas e outros brinquedos convencionais. É algo que os cães adoram odiar!

OBS.: Alguns cachorros vão ignorar o laser, porém, para a maioria deles, torna-se um caso de vingança pessoal lutar contra seu mais novo arquiinimigo.

65. Redemoinho doce

Coloque uma pequena quantidade de doce de leite no rabo do cachorro e prepare-se para vê-lo girar feito louco. Isto é ótimo para cães irrequietos, com excesso de energia e pouco espaço para gastá-la. Ele vai extravasar a energia acumulada e, se conseguir pegar o rabo, fará um lanche bem gostoso!

66. Onde está o biscoito?

Pegue três copinhos de plástico, esconda um biscoito embaixo de um deles e em seguida embaralhe-os. Veja se seu cachorro é capaz de adivinhar onde está a guloseima. É claro que os cães têm a vantagem de poder farejar os copinhos, mas mesmo assim ficam muito felizes em descobrir.

67. Ensine seu cachorro a sorrir... literalmente!

Comece a praticar levantando os lábios do seu amigo para examinar os dentes e a gengiva, repetindo: "Sorria!" Com o tempo, ele suspenderá os lábios ao ouvir o comando e, quando você menos esperar, terá um cão capaz de sorrir de verdade.

68. Os cachorros adoram rimas

Crie um poema em homenagem às qualidades do seu cachorro e recite-o em voz alta.

69. Picolé

Da próxima vez que encher a bandeja de gelo, coloque, junto com a água, um grão de ração em cada quadradinho. Depois que congelar, ofereça esse delicioso picolé canino para o seu amigo. Quantas lambidas são necessárias até ele encontrar a surpresa que está lá dentro?

70. Confidencial

Os cães adoram segredos! Até mesmo a frase mais corriqueira adquire uma importância especial se você a sussurrar no ouvido do seu cachorro. Imagine a reação dele se você se aproximar e disser baixinho: "Vamos dar uma volta?"

71. "Fígaro, Fígaro, Fígaro!"

Os cachorros simplesmente amam quando cantamos ópera. Não se preocupe com o fato de não saber falar italiano. Ele vai preferir que você mude a letra e cante algo sobre ele.

72. "É um pássaro? É um avião?"

Vista uma capa e corra feito um super-herói. O cachorro vai adorar ser o seu parceiro e achar graça da sua roupa esquisita.

73. Em câmara lenta

Nossos amigos caninos são fascinados por extremos. Experimente fazer as atividades normais do dia-a-dia, como preparar uma refeição para ele, em câmara lenta. Os tremores gerados pela expectativa podem alcançar 4.0 na escala Richter.

74. O chamado selvagem

Estabeleça um ritual a cada lua cheia (ou sempre que quiser): saia ao ar livre com seu cachorro para uma sessão de uivos sem nenhum tipo de repressão. Dar uns bons uivos será bastante libertador e relaxante tanto para ele quanto para você.

75. A barreira humana

Abaixe-se no vão de uma porta e jogue uma bola no outro cômodo. Quando o cão for pegar o brinquedo, ele deverá saltar sobre a barreira em frente à porta — no caso, você! Os cachorros acham muito divertido pular por cima de nós.

76. A sacola

Esconda o brinquedo preferido do seu cachorro numa sacola de supermercado. Chacoalhe a bolsa para provocá-lo e em seguida deixe-o arrancar o prêmio.

77. Goooool!

Para que a brincadeira com uma bola seja divertida, ela não precisa caber na boca do cachorro. Muitos cães — principalmente as raças de pastoreio — são jogadores de futebol natos e conseguem mover bolas grandes com muita perícia, usando as patas dianteiras ou o focinho. E vários cães dominam rapidamente o objetivo de um bom jogo de futebol: manter o adversário longe da bola.

78. Esconde-esconde

Os cachorros amam brincar de esconde-esconde. Mas não basta apenas esconder o rosto com as mãos, como fazemos com as crianças pequenas. O efeito será bem melhor se você se esconder embaixo de um cobertor ou um lençol. Dê uma espiada de vez em quando e fale alto o nome dele, mas tome cuidado, pois ele pode invadir seu esconderijo.

79. Peguei!

Segure o focinho do seu cachorro e em seguida afaste rapidamente a mão, fazendo um som de estalo com a boca. Muitos cães ficam empolgados com essa brincadeira. (Talvez não o Geordie...)

80. O Senhor dos Anéis

Você ainda guarda aquele velho bambolê? Alguns cães gostam de pular através de bambolês. Comece a praticar posicionando o aro próximo ao chão e atirando um biscoito através dele. Quando o cachorro entender a brincadeira, você poderá aumentar a altura gradativamente até que seu companheiro esteja saltando por dentro do bambolê.

OBS.: Apesar de ser emocionante, seu cachorro certamente não irá se dispor a tentar a versão circense da atividade, com o aro em chamas. Portanto, nem pense nisso!

81. A careta barulhenta

Certo, esta brincadeira não agrada a todos, mas vários cachorros acham divertido. Você deve aproximar sua boca da pele do cão, próximo da axila, por exemplo, e então soprar, fazendo o máximo de barulho que puder.Puufff!

OBS.: Você pode simplesmente colocar a língua para fora, soprando de forma bem barulhenta. Talvez ele até retribua.

82. A catapulta

Use um estilingue ou uma colher para catapultar grãos de ração para o seu cachorro caçar.

83. Herança cultural

Será que os cães da raça vizsla húngaro gostam de polca? Seu chihuahua gostaria de ouvir uma música mexicana? E seu poodle apreciaria o acordeão? Experimente apresentar ao seu cachorro canções do lugar de origem dele. Se ele hesitar em dançar, talvez seja apenas porque não sabe os passos.

84. Upa, cavalinho!

Fique de quatro e coloque seu cachorro – se ele for de pequeno porte, claro – nas suas costas (talvez você precise de ajuda). Quando ele estiver confortavelmente acomodado, carregue-o pela casa ou pelo jardim. Isto eleva o "dar uma volta" a um outro nível!

85. O flautista de Hamelin

Você sabe tocar flauta (ou corneta)? Consegue batucar com ritmo? Recorra a qualquer instrumento que atraia seu cão e faça uma sessão musical improvisada, deixando-o de queixo caído.

86. Boliche

Arrume os brinquedos do seu cachorro (de preferência bichos de pelúcia) como se fossem pinos de boliche, formando uma pirâmide no chão. Acerte a pirâmide com uma bola para espalhar tudo. Observe seu cão tentando decidir qual dos brinquedos ele vai resgatar primeiro.

87. Táxi aquático

Nem todo cão é um bom nadador, mas isso não significa que ele não possa divertir-se com você num dia quente. Muitos gostam de curtir a piscina sem se molhar, deitados sobre um colchão de ar. Você pode fazer o seu cachorro andar sobre o colchão em terra firme para ele se acostumar com a sensação. É bem melhor do que ser deixado do lado de fora!

OBS.: É claro que colchões de ar e unhas grandes não combinam. E faça o favor de não deixar o cachorro perto da água sem a presença de um salva-vidas.

88. Bola de meia

Não sabe o que fazer com todas aquelas meias cujos pares desapareceram misteriosamente quando elas foram lavadas? Enrole-as formando uma bola macia para seu cão brincar dentro de casa.

89. Pombo-correio

Precisa falar com alguém que está em outro cômodo da casa? Não grite — prenda um bilhete no seu cachorro e envie-o como garoto de recados.

90. Passaraio, passaraio

Prenda uma vassoura a uma altura que obrigue seu cão a passar por baixo dela. Mas saiba que ele vai trapacear. Os cachorros passam com a barriga arrastando no chão, mas, se ficar muito difícil, geralmente desistem e pulam por cima do cabo da vassoura.

91. Pula-pula

Pule sem parar. Com um pé só! Com os dois! Todo mundo agora!

92. Sapo saltitante

Esta é uma variação mais elaborada do pula-pula. Fique de cócoras e salte para cima, imitando um sapo da melhor maneira que puder. Fazer "croac!" é opcional.

93. Escorrega

Alguns cães gostam de aproveitar os brinquedos dos parques e pracinhas – e adoram principalmente descer no escorrega. Os pequenos podem preferir descer no seu colo. Oba!!!

94. O tesouro enterrado

Encha uma caixa ou uma piscina de plástico com terra e enterre brinquedos e petiscos de seu cão. Ele vai se divertir a valer cavando e descobrindo os tesouros.

95. Hoje é noite de rock'n'roll

Cachorros de cauda curta parecem estar sempre abanando o rabo ao som de rock. Quando não dispõem de uma cauda que marque presença, eles balançam de forma exagerada toda a parte traseira do corpo. Coloque para tocar um CD de rock e dance o twist alegremente com seu amigo.

96. Brincadeira da mão

Quando seu cachorro estiver deitado, pouse uma das mãos sobre a pata dele. Ele provavelmente vai colocar a pata sobre a sua mão. Então tire a mão e coloque novamente sobre a pata dele, e assim por diante.

97. Perseguição de carro

Prenda um bicho de pelúcia em um carrinho movido por controle remoto e prepare-se para a perseguição!

OBS.: Vai agradar em cheio aos cães de caça e de corrida.

98. ___

Inclua sua brincadeira
favorita e cole aqui a
foto do seu cachorro.

99.

Inclua sua brincadeira
favorita e cole aqui a
foto do seu cachorro.

100.

Inclua sua brincadeira
favorita e cole aqui a
foto do seu cachorro.

Sobre os nossos modelos

Ripley é uma samoieda de quase 15 anos. É uma contradição ambulante: leal e volúvel, graciosa e desajeitada, doce e teimosa. Ela mora na cidade de Nova York e seu nome é uma homenagem à heroína dos filmes *Alien*.

Lucy é uma petit basset griffon vendéen: um nome comprido e estranho para um cachorro comprido e estranho! Ela foi encontrada na rua, no Brooklyn, em Nova York, e deixa seu dono impressionado com o carinho e a simpatia que dedica a todos que encontra.

Benny é um spaniel bretão de sete anos que mora em Nova York. Ele adora longas caminhadas no parque, onde está sempre correndo atrás de pombos e esquilos.

Cody é um mestiço de pastor alemão. Ele tem oito anos e vive no estado de Virgínia. Adora tomar sorvete de baunilha, ficar aconchegado e latir para as ondas na praia.

Kato é um boxer de nove anos, morador de Nova York. Algumas de suas atividades favoritas são dormir no sofá e observar da janela as pessoas que passam na rua.

Sidney é uma australian cattle dog de sete anos e mora em Nova York. Ela gosta de "pastorear" pombos, patos, cachorros preguiçosos e convidados nas festas. Nas horas vagas, coleciona sapatos.

Maxine é descrita pela dona como uma "jackahuahua": metade jack russell e metade chihuahua. Bem-dotada tanto de beleza quanto de inteligência, está se tornando uma estrela da cena literária. Ela também apareceu em um livro infanto-juvenil de grande sucesso.

Atlas é uma beagle de oito anos que mora em Nova York. Ela ama dormir debaixo das cobertas, fazer passeios demorados e roubar coisas da rua. Tem uma enorme habilidade para pegar cubos de gelo com a boca.

Blanca é uma labradora de três anos. Mora em Nova York e seu passatempo preferido é fazer compras.

Yonah é uma doce e gigante rottweiler que conquistou vários fãs na vizinhança. Mora com a irmã, a gata Anya, e elas se revezam lavando as orelhas uma da outra.

Mya é uma pug que alegra todos os lugares aonde vai. Ao contrário do que ocorre com outros pugs, a língua de Mya fica pendurada e não curvada.

Petrucchio é um cocker spaniel de cinco anos que divide seu tempo entre Nova York, Nantucket e Palm Beach, na Flórida. É um viajante internacional que já teve sua imagem reproduzida em azulejos italianos. Seu passatempo predileto é conseguir biscoitos em butiques sofisticadas.

Trevi é um jack russell de 12 anos. Ele já participou duas vezes de concursos nacionais da sua raça e ganhou vários prêmios. Nos finais de semana, gosta de flutuar na piscina e de caçar perus selvagens.

Audrey nasceu em novembro de 2002. É uma greyhound italiana que mora em Nova York junto com a irmã, uma papagaia chamada Zelda. Audrey sorri quando ouve baterem à porta, pois geralmente isso significa comida chinesa (e camarão empanado).

Grady é um airedale terrier de sete anos. Ele só faz o que quer e não se preocupa em pedir desculpas por ser tão mimado.

Chloë é uma cocker spaniel americana de dois anos e uma típica garota nova-iorquina. Ela faz de tudo para ser notada por todos à sua volta.

Biscuit é conhecido por gostar de bolas, sobretudo as que são maiores do que sua cabeça. Este pequinês de três anos mora no Brooklyn, em Nova York.

Reese & Applejack são mini-poodles. Reese é o irmão quieto e pensativo. Applejack adora fazer barulho perseguindo esquilos e passarinhos.

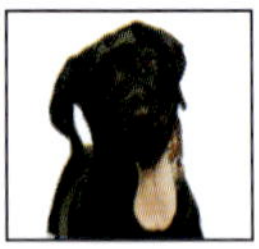

Puppy é um dinamarquês de dois anos. É ciumento por natureza e precisa ser o centro das atenções o tempo todo. Sente-se muito bem sentado no colo da "mãe" e está sempre disponível para um abraço.

Maisie é uma mestiça de labrador e chihuahua (não pergunte como isso é possível!) de Nova York. Durante o dia, ela dorme e passeia com o amigo Sam. À noite, gosta de roer couro e ficar juntinho dos donos.

Henry é um buldogue francês de quatro anos. Ele mora em Nova York, onde é conhecido como "o Buda do Greenwich Village". Suas necessidades são simples: o "pai", uma bola de futebol e o sofá.

Clyde é um rhodesian ridgeback. Ele ajuda a cuidar da loja de roupas de seus donos em Nova York.

Chloë é uma beagle de dois anos que mora em Nova York. Ela adora brincar com seu furão de pelúcia e ser perseguida pela casa.

Farnsworth (Farnie) é um fox terrier de três anos que mora com seus dois irmãos humanos de cinco e sete anos. Suas brincadeiras favoritas são: correr atrás da bola, fazer cabo-de-guerra e perseguir esquilos.

Mikey é um griffon de Bruxelas. Ele é descrito como a mais meiga e doce das criaturas. Gosta até de bebês! Ele cuida com carinho de seu pato de pelúcia (que já teve dias melhores) em sua casa em Nova York.

Misabella é uma maltesa de quatro anos. Do signo de Áries, tem namorados em Nova York e na Flórida. Misa é membro dedicado de uma organização que cadastra voluntários – pessoas e seus bichinhos de estimação – para visitar hospitais, asilos, escolas, etc., com finalidade terapêutica.

Lucy é uma rottweiler de Nova Jersey. Quando não está relaxando na cama, passa os dias vigiando as janelas em busca de passantes potencialmente perigosos (vizinhos, gatos e esquilos) e perseguindo as duas gatas que moram com ela. Lucy, que é do signo de Virgem, está solteira no momento, mas seu melhor amigo, um bullmastif chamado Moe, parece estar interessado em bem mais do que amizade.

Rudi é uma pinscher miniatura de Nova York. Ela vê o mundo acontecer do seu sofá.

Rocky é um mestiço de boxer e pitbull. Ele tem 10 anos e mora em Nova York. Ladrão contumaz, é conhecido por roubar de tudo um pouco, de comida a papel higiênico. Mas ele tem um outro lado: Rocky é pai adotivo de uma ninhada de gatinhos.

Teddy mora em Nova York e é um descarado ladrão de meias.

Juandino (Dino) é um lulu da Pomerânia de 12 anos. Já viajou bastante e hoje mora em Nova York. Suas comidas prediletas são: arroz, frango e sorvete (não necessariamente juntos).

Mickey foi retirado das ruas há dois anos e hoje é prefeito honorário do bairro onde vive. Ele adora longos passeios e não tem vergonha de implorar por guloseimas. Recentemente, venceu o Prêmio Kindest Face (Carinha mais meiga) no concurso Gramercy Park Dog Show, em Nova York.

Jasper é um jovem boykin spaniel que vive em Washington.

Jake é um shiba inu de Nova York. Ele freqüenta diariamente o parque de seu bairro, onde adora brincar com todos os outros cachorros, pequenos e grandes. Nos finais de semana, vai para a praia em Nova Jersey.

Lucy é a irmã mandona de Henry. Tem três anos e é uma boston terrier nascida na Flórida, mas que hoje mora em Nova York. Ela continua amando tomar sol.

Lucy é uma chihuahua de Nova York. Sempre pensando à frente, ela gosta de esconder coisas na cama para usar mais tarde. Adora receber carinho na barriga, passear e correr atrás dos gatos.

Edie é uma welsh corgi pembroke. Ao contrário do que seu físico demonstra, é incrivelmente veloz. Gosta de ordenar as pessoas quando está diante de grupos e jogar charme para os homens.

Kane tem sete anos e é um mestiço de chow chow e labrador. Ele mora em Nova York, gosta de vagar pela praia e implorar por sobras de carne nos restaurantes.

Finbar é um golden retriever de dois anos que, assim como muitos nova-iorquinos, prefere não ir atrás das coisas e sim esperar que alguém as entregue a ele. Passa os fins de semana em uma casa de madeira na montanha, onde está aprendendo que mastigar as paredes não é um comportamento adequado.

Lucy é uma mestiça de collie de barba de Nova York. Ela mora perto do namorado, o boxer Ali.

JB é um mestiço de collie de barba de 10 anos que mora em Nova York e se dedica totalmente à sua bola (que valoriza mais do que tudo na vida, até mesmo do que o jantar).

Atticus tem dois anos e foi adotado de um abrigo para animais. Ele mora em Nova York, e sua "mãe" está sempre tendo de arrancá-lo da banheira.

Neo é um pastor australiano de sete anos que mora em Nova York. Ele passa os dias conquistando admiradores na floricultura de seu dono.

Ali, um boxer nova-iorquino, é conhecido como "o cavalheiro".

Fuji é um jovem mestiço de pequinês e shih tzu de Nova York. Ele carrega seus brinquedos para onde quer que vá e costuma rolar quando outros cachorros se aproximam.

Allegro é um yorkshire de oito anos e tem mais personalidade do que se imagina que possa caber em seu corpinho de pouco mais de dois quilos. Gosta de se aconchegar e dormir, por isso ele e o sofá são inseparáveis. Freqüentemente é pego roncando e até latindo enquanto dorme.

Samantha é uma shih tzu com uma idade considerável – 17 anos para ser exata! Seus passatempos incluem lamber testas, dormir e fazer seu famoso truque com um lenço de papel. Ela já ganhou o título de "rostinho mais bonito" do concurso Central Park Dog Show, em Nova York.

Lester é um scottish terrier de quatro anos. Nasceu no Kansas, mas cresceu na Filadélfia e no Brooklyn, em Nova York. Gosta de perseguir esquilos, morder os dedos dos pés das pessoas e lamber tapetes.

Zevon é um fox terrier de 14 anos que adora mergulhar em canteiros de plantas e pegar tudo o que encontra pela calçada. Ele mora em Nova York.

Belle é uma pastora de Sheltland que mora em Nova York. Adora caçar coelhos no campo, mas sua irmã, Molly, prefere rearrumar as gavetas de meias.

Carlito é um mestiço de greyhound italiano e chihuahua. Com um passado triste em um abrigo para animais abandonados, hoje ele mora em Nova York, onde suas caretas sempre provocam olhares intrigados dos passantes. A única coisa que ama mais do que seu porquinho rosa é a "mãe", que ele teima em proteger de agitados grupos de crianças e até mesmo de freiras.

Coco é uma lhasa apso de Nova York. Ela está sempre presente na *pet shop* da dona. Costuma ficar sentada no balcão, recebendo alegremente os clientes.

Geordie nasceu no Kansas, em 1999. Atualmente mora em Nova York e se recusa a ser visto na rua se não estiver usando uma coleira de grife. Ele divide seu tempo entre a cidade e a casa de campo e tem mania de se deitar ocupando a cama inteira (o que é um feito e tanto para um cachorro do seu tamanho!).

Parker é uma vizsla de três anos. Sempre alegrando o ambiente, adora brincar com garrafas plásticas de refrigerante e detesta chuva.

Louis é um jovem labrador de cor chocolate de pouco mais de um ano. Ele mora em Nova York e adora circular por *pet shops*, pelo parque, pelo corpo de bombeiros e por cafeterias.

Agradecimentos

Este livro não existiria sem a inspiração da editora Jennifer Griffin. Sua dedicação, persistência, paciência e fé neste projeto foram inestimáveis.

Agradeço muito ao fotógrafo Pat Doyle e a Paul Gamarello, Leora Kahn, Cindy Schoen, Marta Jaremko, Katherine Adzima, Wayne Kirn e Aaron Clendening, todos da Workman Publishing, bem como a todos os nossos cãezinhos modelos (e aos seus donos!). A participação de todos eles tornou este projeto não apenas possível como também alegre e divertido.

Um agradecimento especial a todos os meus queridos amigos do Blue Cross Pet Hospital e da clínica veterinária Lenox Hill Veterinarians.

Conheça outros títulos da Sextante

O amanhã

O amanhã dá seguimento a *O sentido da vida*, refletindo sobre como se manter são em um mundo de conflitos, confusões e aparente loucura. Mais do que lidar com as mudanças, *O amanhã* mostra aos leitores como manter o otimismo. Novos e velhos fãs vão imediatamente se identificar com o estilo de Bradley Trever Greive.

Apesar de lidar com temas sérios, a mágica de BTG é a sua capacidade de juntar temas universais com novas perspectivas e hilariantes fotografias de animais. Desde um babuíno esquisito a um tigre que detesta sorvete de jabuticaba, os personagens desse livro atuam de maneira irresistível, levando a mensagem do autor ao coração dos leitores.

Um dia "daqueles"

Um dia "daqueles" é um livro-presente inspirador e bem-humorado.

Bradley Trevor Greive, o autor, pesquisou fotos do mundo inteiro para selecionar as incríveis e expressivas fotos de animais desse livro.

Diante de seu humor e da surpreendente "humanidade" que ele soube encontrar nos animais, é impossível deixar de sorrir. Mesmo quando se está num dia "daqueles".

O sentido da vida

Qual é o sentido da vida? Ao longo da História, grandes filósofos quebraram a cabeça à procura de uma resposta. Agora Bradley Trevor Greive dá sua contribuição inteligente e bem-humorada a um dos maiores debates da humanidade.

O sentido da vida é um excelente presente. Afinal, todos nós gostaríamos de decifrar a razão de nossa existência, mas, enquanto não conseguimos, o melhor é sorrir e aproveitar a vida. Mesmo que ela não tenha nenhum sentido.

A incrível verdade sobre as mães

Com fotos de animais em situações engraçadas e texto afinadíssimo, *A incrível verdade sobre as mães* mostra as maravilhas e dificuldades de ser mãe.

Não ter mais tempo para ver TV e ser obrigada a gastar rios de dinheiro para satisfazer os mínimos desejos do filho são algumas das bem-humoradas sacadas de Bradley.

Mas antes que todas as mulheres desistam de ser mães, o livro também mostra que nem tudo é desesperador. A alegria da maternidade supera qualquer dificuldade.

Querida mamãe, obrigado por tudo

Nem sempre é fácil achar as palavras certas para dizer o quanto gostamos de nossas mães. Como agradecer por toda dedicação, amor e cuidado que recebemos?

Querida mamãe vai ajudar os filhos de todas as idades (especialmente os que se dizem crescidos) a expressar esses sentimentos tão fundamentais com uma divertida combinação de palavras e extraordinárias fotografias de animais.

Preciosidades

A maioria das pessoas sabe que muitos animais exóticos, dos dinossauros aos dodôs, estão extintos. Entretanto, Bradley Trevor Greive gostaria que todos conhecessem as criaturas que podem ser salvas da extinção e fizessem alguma coisa a respeito.

Com uma narrativa simples e poética, acompanhada por belas fotografias de gorilas, baleias-corcundas, coalas e muitos outros animais, BTG e Mitsuaki Iwago ilustram a diversidade da fauna terrestre, com particular atenção para espécies que já foram abundantes, e apontam os riscos que esses animais enfrentam e o destino que todos nós compartilhamos com eles.

Dominique Glocheux

A vida é bela

Só se vive uma vez. Então é preciso aproveitar cada momento. Descobrir o valor das coisas simples, dos pequenos tesouros escondidos que tornam a vida bela.

Esse pequeno manual vai segurar sua mão e levar você para um passeio dentro de si mesmo. Ele vai despertar idéias, sentimentos e desejos que estavam adormecidos.

Abra as portas de seu coração e as janelas de sua alma, saboreando cada um dos 512 conselhos reunidos aqui. Conquiste sua felicidade!

Ernie J. Zelinski

Levando a vida numa boa

A felicidade requer trabalho, mas não um trabalho intenso, como acredita a maioria das pessoas. A felicidade requer que se preste atenção à vida. Por isso, todos deveríamos ter um pequeno livro como esse para ser consultado de tempos em tempos.

Antoine de Saint-Exupéry

Felicidade, amor e amizade

O clássico *O pequeno príncipe* vem fascinando leitores há sessenta anos com seu lirismo e sua sabedoria, que apenas aparenta ser simples. Agora, pela primeira vez, citações extraídas de toda a obra de Saint-Exupéry foram reunidas em um só livro.

Essa pequena antologia é um presente para os fãs do autor e uma oportunidade para quem deseja conhecer um pouco mais sobre seus escritos.

Mary Schmich

Filtro solar

Irreverente e emocionante, esse livro foi feito para você que deseja colorir a vida com uma dose extra de inspiração, otimismo e bom humor.

Publicado originalmente como um discurso de formatura, *Filtro solar* traz uma série de conselhos espirituosos sobre temas importantes como aparência, amigos, trabalho, família, juventude e saúde. Com lindas ilustrações, cada um deles lhe mostrará uma forma mais leve, terna e sábia de ver a vida.

Os 25 clássicos da Editora Sextante

– *Um dia daqueles*, *Querida mamãe* e *O sentido da vida*, de Bradley Trevor Greive

– *Você é insubstituível*, *Pais brilhantes, professores fascinantes* e *Dez leis para ser feliz*, de Augusto Cury

– *O Código Da Vinci*, de Dan Brown

– *Palavras de sabedoria*, *O caminho da tranqüilidade* e *Uma ética para o novo milênio*, do Dalai-Lama

– *Os 100 segredos das pessoas felizes*, *Os 100 segredos das pessoas de sucesso* e *Os 100 segredos dos bons relacionamentos*, de David Niven

– *Por que os homens fazem sexo e as mulheres fazem amor?*, de Allan e Barbara Pease

– *Não leve a vida tão a sério*, de Hugh Prather

– *Enquanto o amor não vem*, de Iyanla Vanzant

– *A última grande lição*, de Mitch Albom

– *A Dieta de South Beach*, de Arthur Agatston

– *Histórias para aquecer o coração*, de Mark V. Hansen e Jack Canfield

– *A divina sabedoria dos mestres* e *Só o amor é real*, de Brian Weiss

– *O ócio criativo*, de Domenico De Masi

– *Em busca da espiritualidade*, de James Van Praagh

– *A vida é bela*, de Dominique Glocheux

– *O outro lado da vida*, de Sylvia Browne

INFORMAÇÕES SOBRE OS PRÓXIMOS LANÇAMENTOS

Para receber informações sobre os lançamentos da EDITORA SEXTANTE, basta enviar um e-mail para atendimento@esextante.com.br ou cadastrar-se diretamente no site www.sextante.com.br

Para saber mais sobre nossos títulos e autores, e enviar seus comentários sobre este livro, visite o nosso site: www.sextante.com.br

EDITORA SEXTANTE
Rua Voluntários da Pátria, 45 / 1.404 – Botafogo
Rio de Janeiro – RJ – 22270-000 – Brasil
Telefone: (21) 2286-9944 – Fax: (21) 2286-9244
E-mail: atendimento@esextante.com.br